Dieses Buch gehört

Liebe Eltern,

wir wollen Ihr Kind beim Lesenlernen unterstützen, und zwar mit Geschichten, die Spaß machen.

Unsere Bücher mit dem liebenswerten Leselöwen begleiten Ihr Kind durch die 2. Klasse. Sie enthalten drei bis vier Geschichten zu einem spannenden Thema, mit einfachen Sätzen und gut lesbarer Schrift. Viele bunte Bilder sorgen für Lesepausen und helfen, die Geschichten zu verstehen. Mit den Aufgaben zum Text kann Ihr Kind selbst prüfen, ob es den Text richtig verstanden hat. Zu den markierten Wörtern warten am Ende des Buches spannende Fakten und in unserem Online-Portal finden Sie viele weitere Extras!

So wird Ihr Sohn oder Ihre Tochter zum echten Leselöwen!

Ihr

Leselöwe

Leselöwen

Katja Reider

Mutgeschichten

Illustriert von Carmen Hochmann

Loewe

www.leseloewen.de

FSC
www.fsc.org
MIX
Papier aus verantwortungsvollen Quellen
FSC® C018236

ISBN 978-3-7432-0145-3
2. Auflage 2020

Umschlag- und Innenillustrationen: Carmen Hochmann
Umschlaggestaltung: Michael Dietrich
Vignetten Leselöwe: Angelika Stubner
Printed in the EU

www.loewe-verlag.de

Inhalt

Feuer und Flamme 8

Aus die Maus 19

Mädchen-Geburtstag 31

Sprungturm 43

Feuer und Flamme

Auf dem Spielplatz am Waldrand ist es einfach super! Hier trifft Marie all ihre Freunde aus der Siedlung.

Heute hat Marie ihren Bruder dabei.
Der Kleine hat so lange genervt,
bis Mama sich eingeschaltet hat:
„Noah stört euch doch nicht!“
Marie seufzt. Von wegen …
Die anderen sind schon da.
Wer ist denn der Typ neben Alva?

Alva winkt Marie heran.

„Kennst du meinen Cousin Lion?“

„Hallo, Lion!“ Marie lächelt ihm zu.

„Hi!“ Lion zeigt auf seine Tasche.

„Wisst ihr, was ich da drin habe?

Würstchen für alle!

Wir grillen eine Runde!“

„Echt? – Super! – Das ist ja cool!“

Die anderen klatschen begeistert.

„Feuer hab ich natürlich dabei!“

Lion zückt lässig ein Feuerzeug.

Schon rennen die Ersten los,

um Holz zu sammeln.

„Ist das denn erlaubt?“, fragt Marie.

Oje, sie klingt wie eine Lehrerin!
Marie spürt, dass sie rot anläuft.
„Na ja, es hat ewig nicht geregnet“,
fügt sie lahm hinzu.
„So ein Feuer kann sich ausbreiten.“
Lion grinst herablassend.
„Willst du etwa **kneifen**?“, fragt er.

Marie sucht Alvas Blick,
dann den von Finn und Lukas.
Aber alle schauen zu Boden.
Marie zögert.
Wenn sie jetzt nicht mitmacht,
gilt sie doch ewig als Memme!
Es wird schon nichts passieren …

Also, was soll's?

Schon öffnet Marie den Mund,

um zu sagen, dass sie dabei ist.

Da spürt sie Noahs Hand in ihrer.

Seine Augen sind groß und ängstlich

und sein Blick sagt …

„NEIN!"

Plötzlich ist Maries Stimme ganz klar.
Sie nimmt Noah fest an die Hand.
„Komm, wir gehen nach Hause!“
Die beiden stapfen entschlossen los.
Lieber ewig als Angsthase gelten,
als so einen Mist mitzumachen!

Nanu, folgt ihnen etwa jemand?

„Warte, Marie, wir kommen mit!“

Aha, Finn und Lukas schwenken um!

Auch Alva macht Anstalten zu gehen.

Lion ruft ihnen etwas nach.

Aber keiner hört ihm mehr zu.

„Ob er das Feuer jetzt
allein anzündet?“, fragt Finn.
„Kann er nicht“, sagt Noah leise.
Bitte? Wieso denn nicht?
Alle sehen den Kleinen fragend an.
Da zieht Noah Lions Feuerzeug
aus der Tasche!

„Als er nicht hingesehen hat,
habe ich es eingesteckt“, sagt Noah.
„Ich wollte es nicht behalten, aber – “
„Alles gut, Noah!
Wir geben es Lion morgen zurück.“
Marie drückt ihren Bruder an sich.
„Kleiner, du bist echt der Größte!“

Aus die Maus

Carlo mag den Sport-Unterricht,
vor allem im Sommer:
Weitsprung, Werfen, Laufen.
Und **Sprint**! Das ist Carlos Ding!
Wenn nur Jesse nicht wäre!
Ständig will dieser Angeber allen
seine Mega-Lauftechnik erklären!

Dabei hat er einfach lange Beine.
Das ist das ganze Geheimnis.
Herr Huber klatscht in die Hände.
„Carlo und Jesse, holt ihr bitte
die Bälle aus dem Materialraum?“
Missmutig trottet Carlo los.

Jesse tänzelt neben ihm her.

„Hey, Alter, hast du schon

meine neuen Laufschuhe gesehen?

Ich sag dir: Die fühlen sich an,

als wäre eine Rakete eingebaut!“

„Hmm.“ Carlo blickt geradeaus.

Jesse schließt die Tür auf.
Der Materialraum ist vollgestopft.
Es riecht nach Staub und Schweiß.
Und das Licht ist auch kaputt!
„Hier finden wir die Bälle nie!“,
mault Jesse. „Viel zu düster!“
Aber Carlo arbeitet sich schon vor.

Jesse folgt ihm murrend.

Plötzlich stutzt er. „Warte mal!

Was ist das für ein Geräusch?“

„Ich höre nichts!“, sagt Carlo.

„Da! Da war es wieder!“

Jesses Stimme zittert.

„D…dieses Kratzen!“

Carlo zuckt mit den Schultern.
„Vielleicht gibt's hier ja Mäuse!"
„MÄUSE?" Jetzt klingt Jesse panisch.
„Ich muss hier raus! Sofort!"
Er stürmt Richtung Tür, stolpert,
rappelt sich hoch und stürzt raus.
Carlo folgt ihm verwirrt.

„Was war denn los eben?“, fragt er.
Jesse läuft rot an, dann sagt er:
„Ich habe total **Angst vor Mäusen**!
Beim Zelten hat sich mal eine Maus
in meinen Schlafsack verirrt.
Sie ist durchgedreht und ich auch.
Seitdem flippe ich aus, wenn …“

Jesse hebt die Hände.

„Na, du hast es ja gerade erlebt.

Voll albern, oder?“

„Nee!“ Carlo schüttelt den Kopf.

„Danach hätte doch jeder Panik!“

„Wirklich?“, fragt Jesse zweifelnd.

Oje, der Arme schämt sich richtig!

Carlo überlegt, dann sagt er:
„Du, ich habe mal gelesen,
dass der schnellste Mann der Welt
auch total Angst vor Mäusen hat!“
Das hat Carlo jetzt einfach erfunden.
Ob sein Trick hilft?

„Du meinst Usain Bolt?“,
fragt Jesse ungläubig.
„Genau der!“, bestätigt Carlo eifrig.
Der Sprinter wird ja nie erfahren,
dass er sich angeblich
vor Mäusen fürchtet.
Tatsächlich: Jesse entspannt sich.

„Das ist ja ein Ding!“, sagt er.

„So ein Typ und Angst vor Mäusen?“

„Na komm“, meint Carlo.

„Wir sagen Herrn Huber Bescheid,

dass wir die Bälle nicht finden.

Und von deiner Mäuse-Panik

erfährt keiner was, versprochen!“

„Danke!“, sagt Jesse leise.

„Kein Ding!“, meint Carlo.

Die Jungen grinsen sich an.

Und als Carlo und Jesse
später zusammen trainieren,
spielt es gar keine Rolle mehr,
wer von beiden schneller ist.

Mädchen-Geburtstag

„Wollen wir heute die Einladungen
für deinen Geburtstag schreiben?“,
fragt Mama.
Emmi nickt eifrig.
„Ich habe schon eine Liste gemacht,
wen ich einladen möchte!
Willst du mal sehen?“

Schon flitzt Emmi in ihr Zimmer.
Am Sonntag wird sie acht Jahre alt.
Also darf sie acht Kinder einladen.
Für jedes Lebensjahr eins.
Mama liest Emmis Liste vor.
„Nele, Luisa, Amira, Fine …
Hm, du hast Moritz vergessen!“

Emmi schüttelt den Kopf.

„Moritz kann ich nicht einladen!

Er wäre der einzige Junge!

Das wäre echt **peinlich**!“

„So? Findest du?“

Mama wuschelt Emmi durchs Haar.

„Denk noch mal darüber nach!“

Moritz ist Emmis bester Freund.
Die zwei kennen sich schon
seit dem Kindergarten.
Vor Kurzem ist Moritz umgezogen.
Emmi trifft ihn jetzt seltener.
Sonst hat sich nichts geändert.

Aber Moritz als einziger Junge

auf einem Mädchen-Geburtstag?

Was würden ihre Freundinnen

dazu sagen?

Am Nachmittag kommt Opa.
Er versteht Emmis Problem.
„Bei schwierigen Entscheidungen
frage ich mich immer:
Was könnte eigentlich
im schlimmsten Fall passieren?
Probiere das doch mal aus!“

Na gut. Emmi überlegt.
„Also, WENN ich Moritz einlade,
könnten sich die anderen
darüber lustig machen.
Es könnte peinlich werden.“

„Hmm, verstehe!“ Opa nickt.

„Das Risiko würde ich eingehen!

Und wenn wirklich jemand lacht …“

Opa flüstert Emmi etwas ins Ohr.

Damit ist es entschieden.

Und dann ist der Geburtstag da!

Sieben Mädchen sind gekommen.

Und Moritz.

Anfangs steht er etwas abseits.

Lilli und Fine beäugen ihn kichernd,

dann flüstern sie miteinander.

Moritz blickt unsicher zu Boden.

Da stellt sich Emmi neben ihn.
„Das ist Moritz“, sagt sie fest.
„Wir kennen uns schon ewig
und er ist mein bester Freund!“

Einen Moment wird es ganz still.

Lilli und Fine laufen rot an.

Aber danach ist das Thema erledigt.

Genau wie Opa vorausgesagt hat.

Emmi grinst in die Runde:
„So, jetzt geht’s aber los hier!
Wie wäre es mit Stopp-Tanz?“
Da war Moritz schon im Kindergarten
immer der Beste!

Sprungturm

Das Schönste am Sommer
ist das Freibad,
finden die Zwillinge Pia und Paul.
Im Wasser rumalbern, tauchen,
warme Sonne auf der Haut
und der Duft von Pommes rot-weiß.
Besser geht es nicht.

Und heute ist sogar Kaan da,
auf dem Handtuch gleich nebenan!
Pia findet Kaan echt süß!
Sie möchte ihn beeindrucken.
„Hey!“, sagt sie laut zu Paul.
„Ich springe gleich mal vom Dreier.“
„Echt?“ Ihr Bruder wundert sich.

Das hat Pia doch noch nie gemacht!
Aber sie nickt lässig
und kichert in sich hinein.
Der **Sprungturm** ist geschlossen.
Das hat sie eben gesehen.
Also besteht kein Risiko,
dass sie wirklich springen muss!

Doch plötzlich steht Kaan auf.
„Ich komme mit, Pia!“, ruft er.
„Dann springen wir zusammen.
Der Bademeister hat den Turm
gerade wieder freigegeben!“
WAS? Oh nein!
Pias Knie werden butterweich.

Aber jetzt gibt es kein Zurück.

Das wäre megapeinlich!

Also folgt sie Kaan zum Sprungturm.

Stufe für Stufe geht es nach oben.

Pia schielt Richtung Wasser.

Puh, ist das hoch …

Kaan bemerkt Pias Zögern nicht.

Er wippt locker auf dem Brett.

„Wollen wir?“, fragt er.

Pia schüttelt den Kopf.

„Ich warte! Spring du ruhig zuerst!“

Kaan läuft los, federt und springt.

Pia hört es unten platschen.

Oje, jetzt ist sie an der Reihe!

Ob sie wieder runtersteigt?

Aber wie sieht das denn aus?

Hätte sie nur nichts gesagt!

Zu dämlich! Und das vor Kaan!

Pia schaut nach unten.

Nanu, was macht Paul denn da?

Er ruft Kaan etwas zu.

Der steigt aus dem Becken

und läuft Richtung Eingang.

Kaum ist Kaan verschwunden,

winkt Paul seiner Schwester zu.

Sie soll runterkommen, schnell!

Pia kapiert, sie rennt hinunter
und hopst ins Wasser.
Jetzt sieht es so aus,
als sei sie gerade gesprungen.
Da kommt Kaan zurück.
„Hast du was an den Ohren, Paul?
Ich wurde gar nicht ausgerufen!“

Paul bleibt ruhig.

„Oh, da habe ich mich wohl verhört!“

Er zwinkert seiner Schwester zu.

Pia zwinkert dankbar zurück.

Mit seiner Aktion hat Paul ihr

eine peinliche Situation erspart.

Das vergisst Pia ihm nie!

Paul plumpst auf Pias Handtuch.

„Du, wollen wir uns morgen trauen?

Zwillingssprung vom Dreier!

Aber ohne Publikum!

Wir warten einfach,

bis das Schwimmbad fast leer ist!“

Abgemacht!

Fragen und Antworten

1. **Wer ist in der ersten Geschichte mutig? Kreise ein.**

Antwort: Marie ist mutig.

2. **Welcher Satz kommt in der Geschichte vor? Kreuze an.**
Lieber ewig als Angsthase gelten, als …

- ☐ … mutig zu sein!
- ☐ … so einen Mist mitzumachen!
- ☐ … Spaß zu haben!

Antwort: … so einen Mist mitzumachen!

3. **Was fehlt Lion am Ende der Geschichte? Bringe die Buchstaben in die richtige Reihenfolge.**

E F E Z U G R E U

Antwort: Feuerzeug

4. **Welche Sportarten mag Carlo? Finde die drei Wörter im Buchstabengitter.**

W	E	I	L	W	S
R	U	N	G	E	P
E	Z	T	U	R	R
I	R	L	K	F	I
L	A	U	F	E	N
N	A	S	T	N	T

Antwort: Werfen, Laufen, Sprint

Fragen und Antworten

5. Wovor hat Jesse Angst? Kreise ein.

Antwort: vor Mäusen.

6. Warum will Emmi Moritz erst nicht einladen? Kreuze an.

- ☐ Weil sie ihn nicht mag.
- ☐ Weil er der einzige Junge wäre.
- ☐ Weil er sowieso nicht kommen würde.

Antwort: Weil er der einzige Junge wäre.

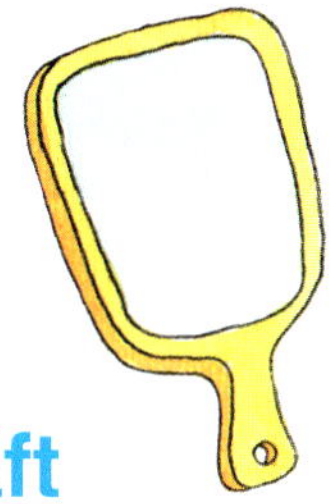

7. Lies genau in Spiegelschrift. Wer hilft Emmi bei ihrer Entscheidung? Kreise ein.

☐ opO ☐ amO ☐ apO

Antwort: Opa

8. Was finden Pia und Paul am schönsten am Sommer? Kreuze an.

☐ Meer ☐ Freibad ☐ See

Antwort: Freibad

9. Pia will von einem Sprungturm springen. Wie viele Meter ist er hoch? Rechne aus.

12+2=

12-2=

11-8=

Antwort: 11-8=3 Meter

Schon gewusst?

Kneifen (Seite 12):

Kneifen hat zwei Bedeutungen.
Man kann jemanden kneifen, zum Beispiel in den Arm. Es heißt aber auch kneifen, wenn man etwas nicht tut, weil man sich nicht traut. Das nennt man außerdem „sich vor etwas drücken“.

Sprint (Seite 19):

Beim Sprint rennt man möglichst schnell eine bestimmte Strecke. Es gibt ihn über 100, 200 oder

400 Meter. Wettkämpfe über längere Strecken heißen Mittelstrecke oder Langstrecke. All diese Laufsportarten gehören wie Springen und Werfen zur Leichtathletik.

Angst vor Mäusen (Seite 25):

Die meisten Menschen haben vor irgendetwas Angst. Manche vor Mäusen, andere vor Spinnen, wieder andere vorm Fliegen. Wenn diese Angst richtig schlimm ist, nennt man sie eine Phobie. Es gibt sogar ein Wort für Menschen, die Angst vor allem haben: Sie heißen Panphobiker.

Peinlich (Seite 33):

Peinlich ist nicht nur das Wort dafür, wenn einem etwas unangenehm ist. Es ist auch der Name eines Ortes in Schottland.

Sprungturm (Seite 45):

Wasserspringen ist eine olympische Sportart. Aus bis zu 10 Metern Höhe springen die Sportler mit Saltos, Schrauben oder anderen Kunststücken ins Wasser. Das erfordert viel Geschicklichkeit – und Mut.

Blättere schnell um und trage die roten Buchstaben in der richtigen Reihenfolge in die Kästchen ein!

Katja Reider war Pressesprecherin des Wettbewerbs Jugend forscht, bevor sie zu schreiben begann. Inzwischen hat sie mehr als hundert Kinder- und Jugendbücher veröffentlicht, die in viele Sprachen übersetzt wurden. Weitere Infos unter *www.KatjaReider.de*.

Carmen Hochmann studierte in Bielefeld Grafik-Design und ist seither als freiberufliche Illustratorin tätig. Mit ihrer Familie lebt sie am Stadtrand in einem alten Häuschen mit großem Garten. Sie zeichnet mit Liebe und Leidenschaft.

Das Leselöwen-Lösungswort

Besuche den Leselöwen auf www.leseloewen.de und trage die farbigen Buchstaben von den Seiten *Schon gewusst?* in der richtigen Reihenfolge in die magische Box ein.

Wenn du das Lösungswort gefunden hast, kommst du auf die geheime Seite mit vielen weiteren Spielen und Rätseln!

Der Leselöwe freut sich auf dich!